Lb ⁴⁹/₆₈₈

LE
FOND DU SAC,

OU

LES ROGNURES

DE LA CENSURE.

Lis et juge.

BORDEAUX,
DE L'IMPRIMERIE DE R. LAGUILLOTIÈRE ET COMP.ⁱᵉ,
RUE DU GRAND-CANCERA, N.° 17, PRÈS CELLE SAINTE-CATHERINE.

Août 1827.

PRÉFACE.

Dans l'impossibilité d'acheter toutes les plumes indépendantes, les hommes du pouvoir ont cherché à les asservir.

Leur but ne sera pas rempli; il y a eu écho d'un bout de la France à l'autre pour résister à l'opression; et les hommes de lettre qui, timides, avaient d'abord courbé la tête, ont senti enfin, comme ceux qui n'ont jamais su plier, que sans liberté, il n'y a pas de génie; que l'esclavage n'est pas fait pour les hommes qui pensent, et que le XIX.ᵉ siècle ne peut pas retrograder.

La stupidité est exigeante et jalouse. A son gré les lois ne parlaient pas assez haut, et les prisons ne punissaient qu'imparfaitement. Des chants d'indépendance s'élevaient du fond des cachots et franchissaient les verroux comme pour insulter aux Omar modernes. Il a fallu punir avec plus d'efficacité, et les ciseaux ont paru....

Ils ne seront pas plus heureux; et nous pourrons dire encore que nul ministre autant que M. de C.... n'a été funeste au génie, que nul ministre autant que M. de V..... n'a créé des systèmes plus onéreux ; que nul ministre autant que M. de P...... n'a tenu la balance de la justice d'une main plus inepte ; que nul ministre autant que M. F..... n'a protégé cette race infâme sous laquelle ont péri quelques-uns de nos meilleurs souverains. Nous pourrons dire encore que les jésuites existent malgré nos lois ; que le curé Mingrat est un monstre, que l'abbé S...... ne vaut pas mieux, que Napoléon fût un grand capitaine, que le trois pour cent a ruiné les idiots qui ont voulu le soutenir..... et jugez de l'avantage que nous saurons nous procurer. Il nous sera permis de publier que le massacre des Grecs fait la gloire de plusieurs monarques, que la loi sur la presse était vraiment une loi d'amour, que les lumières obscurcissent au lieu d'éclairer, et que la prise de Chaillot est un des plus beaux faits d'armes de l'histoire moderne.

Ainsi tout le monde gagne à la liberté des lettres : et les tyrans, et les héros et le fanatisme.

Exprimons donc franchement notre pensée, et n'oublions pas qu'il vaut toujours mieux encourir le blâme en disant d'utiles vérités que d'acheter des faveurs à l'aide du mensonge.

Je ne fais point de différence entre le malfaiteur qui, une torche à la main, brûle les habitations et les campagnes, et l'écrivain déhonté dont les doigts sont armés d'une plume incendiaire. Tous les deux méritent le même supplice. Mais si la licence est dangereuse, des plaisanteries ne l'inspirent jamais.

Et si nous voulons rire quand on nous écorche ? Si, au lieu de nous charger d'une arquebuse, nous aimons mieux une arme plus innocente ?.... Si, pour reposer nos sens, nous publions les vertus et la piété des Quelen, des Cheverus et des Sanzay, après avoir lu les turpitudes et les crimes de tant d'indignes prêtres, il me semble qu'on n'a pas le droit de nous déshériter de cette consolation.

Je sais bien que les lauriers de Périclès ne laissaient pas dormir Miltiade, et que l'éloge de Malesherbes, de Sully, de l'Hôpital et de Colbert est un outrage à quelques puissances de nos jours ; mais est-ce notre faute, à nous, si les Colbert, les Sully et les l'Hôpital modernes ne veulent point ressembler aux magistrats dont on leur cite les vertus et la gloire ?.......
Que demandent-ils maintenant ? de l'or. Qui le leur fournit ? nous, la France. Qui a payé leur élévation ? nous. Qui payera leur chute ? nous, nous, et toujours nous. Ont-ils le droit de nous empêcher de rire de notre faiblesse ?

je ne le pense pas. Ce n'est pas la honte qu'ils redoutent, c'est le ridicule....... Eh! Messieurs, ne sont-ils pas placés assez haut pour le braver? n'avons-nous pas fait assez de concessions à leurs volontés, à leur orgueil? Ils ont voulu nous donner un grenier et du pain; nous avons accepté l'un et l'autre sans nous plaindre. Ils veulent aujourd'hui nous avilir, levons la tête : la misère, nous savons la supporter; les outrages, nous les repoussons; c'est assez de la misère sans l'opprobre.

J. Arago.

Nous avons voulu témoigner notre gratitude à nos lecteurs et à nos abonnés; nous leur adressons les articles que la censure a supprimés. Ils se convaincront, à leur lecture, que nous ne sommes jamais sortis des bornes d'une plaisanterie décente. Nous apprécions leurs éloges, mais nous aimons mieux leur estime; et elle nous a permis quelquefois un sentiment d'indignation que nous n'avons pas toujours eu la force de maîtriser.

LE FOND DU SAC,

OU

LES ROGNURES

DE LA CENSURE.

POÉSIE.

ÉPITRE

SUR LE PLAISIR QU'IL Y A QUELQUEFOIS
D'ÊTRE MUET (1).

Arago, c'est à toi que j'adresse mes vers :
Assez et trop long-tems j'ai pleuré des travers,
Où, malgré tes amis, ton fol esprit s'engage.
Frondeur universel, penses-tu qu'il soit sage
D'attaquer sans relâche et de vaincre souvent
Ces puissances du jour, tonneaux remplis de vent,
D'où partent à la fois ces trombes meurtrières
Qui vont par l'univers éteindre les lumières ?
Quel honneur en as-tu ? quel profit ? dis-le moi ?
Te voit-on revêtu du plus chétif emploi ?

---

(1) Ces trois premières pièces de vers sont celles qui ont remporté le prix que nous avons proposé.

Du palais Rivoli les secrettes largesses,
Qui par mille canaux grossissent tant de caisses,
Ont-elles jusqu'à toi roulé leurs flots dorés?
De deux fois deux rubans tes habits décorés,
Mendians déhontés d'une sotte consigne,
Du raisonnant mousquet obtiennent-ils un signe?

Hélas! dans notre siècle en vain penserais-tu
Qu'il faut aux dignités préférer la vertu?
Que le rang ne vaut pas l'esprit et la science?
Qu'un homme est avili s'il vend sa conscience?
Avec ces beaux discours on ne gagne plus rien

Veux-tu, comme maint autre, accaparer du bien?
La chose en ce moment te sera très-facile;
On peut y réussir sans être fort habile;
Je pourrais te citer mille faits à l'appui,
Mais je me donne seul pour exemple aujourd'hui.

Autrefois, comme toi, d'un vain honneur avide,
J'attaquai des méchans la puissance perfide.
Sur Vil.... d'abord je fis pleuvoir mes coups;
De Cor..... endormi j'attisai le courroux;
D'un grenadier fameux, méprisant la menace,
Je démasquai sans peur l'injustice et l'audace;
Au grave Frays...., malgré son goupillon;
J'allongeai quelquefois de bons coup d'aiguillon;
Chab..... en eut sa part, et le fougueux Ton....,
Ennemi des combats, tremblait à cette guerre.

Mais, faut-il l'avouer? tandis que dans Paris
Les Français savouraient mes espiègles écrits,
Dans le fond d'un grenier, privé de nourriture,

D'un destin rigoureux je dévorais l'injure,
Et maudissant sans cesse et la terre et le ciel,
Plus j'étais malheureux, plus je broyais de fiel.

Un jour, en mon réduit un brave homme s'élance :
La fraîcheur de son teint, sa ronde corpulence,
L'air de contentement qui brillait en ses yeux,
Tout en lui m'annonçait un envoyé des dieux!
Il l'était de Villèle. En ses mains une bourse,
Dont l'énorme contour me décelait la source,
A mes yeux éblouis fut ouverte soudain.
— Choisis ou cette bourse, ou la prison demain,
Dit l'illustre envoyé. — Je prends; que faut il faire ?
— Manger, boire, dormir, obéir, et te taire,
Comme P..., Fr.., et tant d'autres, dit-on.
— A dater de ce jour je suis muet. — C'est bon. —

Depuis, fidèlement jouant mon nouveau rôle,
Je n'ai pas, en cinq ans, recouvré la parole :
Aussi son excellence a-t-elle fait de moi
L'un des trois cent voteurs qui façonnent la loi ;
J'ai des propriétés, de l'or, une maîtresse ;
Je traîne en char doré ma pompeuse paresse ;
De rubans, de cordons noblement chamarré,
Au timon des faveurs fortement amarré,
J'augmente chaque jour mon extrême opulence ;
Et j'acquis tout cela par un peu de silence.

Dis-moi, cher Arago, si le stérile honneur
Peut ainsi nous conduire, à la gloire, au bonheur?
Ah! le sort d'un muet comme moi volontaire
Est si doux qu'à ce prix chacun voudrait se taire!

Je sais que bien des gens, d'une chimère épris,
Lanceront contre nous tous les traits du mépris.....
Qu'importent les mépris d'une foule importune
Sans rang, sans dignités, sans cordon, sans fortune?
A peine entendons-nous son impuissante voix.
Puis nous avons en mains la fabrique des lois :
On connaît les talens de notre ami Coub. ;
Il lança les ciseaux .... gare la muselière !

Victor V.

IL Y A SOUVENT DU PLAISIR A ÊTRE MUET.

Vous vantez, dira-t-on, le bonheur d'un muet?
Le son qui me ravit à son oreille expire;
Il n'entend point · pour lui la voix est un secret.
    Mais quand il aime..... Ah ! s'il ne peut le dire,
Il entend un regard, il devine un sourire,
    Et s'il triomphe, il n'est pas indiscret.
Mais l'amant qui se tait et qui peut tout entendre
    Goûte un plaisir plus facile à comprendre :
    Un sens de plus le conduit au bonheur.
L'oreille ainsi que l'œil est le chemin du cœur :
Pour les amans heureux le silence a des charmes
Vous qui de l'infortune avez séché les larmes,
Répondez; vos plaisirs n'étaient-ils point parfaits,
Lorsque, muets, au cri de la reconnaissance
Cachant les bienfaiteurs, et montrant les bienfaits,
    Aux malheureux vous rendiez l'espérance?
Vous connaissez aussi le bonheur des muets.

L'auteur à qui sourit Thalie ou Melpomène
  A-t-il cueilli les palmes de la scène,
Il est muet : mais que lui dit son cœur?
Enivré de l'encens d'un peuple adorateur,
Il rêve, avec transport, une gloire immortelle.
  Au prince, aux lois, à ses sermens fidèle,
  Cet écrivain, ferme dans son devoir,
  Brave l intrigue et l'abus du pouvoir.
Aux esclaves de cour laissant la flatterie,
  Né libre et juste, il défend sa patrie.
Il est muet, s'il faut trahir la vérité;
  Il est muet, et l'honneur est son guide,
Il est sa récompense, il le rend intrépide,
Et lui donne des droits à l'immortalité.

FLEURY.

SERMON D'UN VIEUX MUET A DE JEUNES BAVARDS

SUR LE PLAISIR ET SUR L'AVANTAGE D'ÊTRE MUET.

Silence, messieurs les bavards,
De par la Charte et nos ministres!
On est lassé de vos brocards
Et de vos vérités sinistres.
Vraiment on serait par trop bon
De vous permettre la réplique
Et de laisser avoir raison
Votre malencontreuse clique!

Croyez-vous qu'on vous fait des lois
A grands coups d'argent et de truffes,
Pour entendre vos grosses voix
Nous traiter de gueux, de tartuffes?
Morbleu ! ce serait par trop fort !
Allez, il n'est pas tant ignare
L'homme illustre qui tient la barre
Et qui doit nous conduire au port !
C'est un Gascon d'un esprit rare,
Et, par Bémol ou par Bécarre,
Il fera que vous aurez tort !
Rendez hommage à sa science,
Prenez le mal en patience,
Ou, lachant un gros *quos ego*,
Il punira le vertigo
Qui ferait aller votre langue !

Du vieux matois qui vous harangue
Écoutez les sages leçons !
Au rang des plus mauvais garçons
Comme vous il joua son rôle,
Au tems qu'il avait la parole ;
Mais depuis que, grace aux conseils
Du jésuite qui le gouverne,
Il fait sa cour, d'un air paterne,
A nos ministres sans pareils,
Bien il s'en trouve, et voici comme,
Sans cesser d'être un honnête homme,
Il a fait son petit chemin :

D'abord, envers leurs excellences,
Il prend toujours un air bénin,

Et, pour gagner les indulgences,
Dévotement chaque matin
Il entend l'office divin.
Car, messieurs, vous avez beau dire,
Vous moquer, blasphémer et rire,
Nous devons adorer les cieux
Et jeter de la poudre aux yeux
Du sot peuple qui nous admire.

Ensuite il faut, sans examen,
Aux projets de lois qu'on présente
Dire dévotement *Amen.*
Et terrasser les voix tonnantes
De tous ces députés parleurs
Sous des boules plus éloquentes
Que les plus fameux orateurs.

Enfin, à l'aide de nos masques,
Surmontant toutes les bourrasques,
Glissant de détour en détour,
Il faut avancer le retour
De notre doux et vieux régime !
Messieurs, c'est le seul légitime,
Je vous le dis en vérité,
Et les Français ont mérité
Qu'on eut pour eux assez d'estime
Pour le leur rendre malgré vous....
Fortune, voilà de tes coups !
Tu fais du bien sans qu'on y pense,
Et notre malheureuse engeance,
Trop sotte pour se gouverner,
Sans ton aimable prévoyance
Se laisserait souvent berner !

Cessez de crier, de vous plaindre,
Engeance qu'il faut museler,
Ne parlez plus ; courez éteindre
Tout ce qui peut étinceler
Sciences, commerce, industrie,
Esprit, lettres, imprimerie,
Sous nos grands coups doivent fléchir.
C'est par vous que notre patrie,
De tous les arts long-tems flétrie,
Va bientôt se voir affranchir !
Alors plus de cris, plus d'entraves ;
Régnant en paix sur des esclaves,
Affranchis de ces longs discours
Qui nous assommaient tous les jours,
Nous ferons des lois de justice
A la façon du grenadier,
Sans craindre que sur le papier
La presse bientôt en gémisse.

De nos travaux voilà le but,
Bavards, ne doit-il pas vous plaire ?...
Sachez donc, pour votre salut,
Y donner les mains et vous taire.
Se taire est un si grand bonheur !
Jugez-en par ce noble centre
Qui, ne votant qu'au son du ventre,
Trouve le plaisir et l'honneur,
Les dignités et l'opulence
Dans son admirable silence !

O. Z.

LA LANGUE ET LE CADENAS.

DIALOGUE.

FRAGMENT.

. . . .
. . . .

Obéir et me taire !... Ah ! c'est bien la maxime
Qu'un absurde pouvoir veut que je légitime !
Mais voir le gouffre affreux qu'il creuse sous nos pas,
Et ne pouvoir le dire à qui ne le voit pas !
Mais voir tous les périls que son imprévoyance,
Sa haine et son mépris préparent à la France,
Et ne pouvoir gémir aux approches du trait !
N'est-ce pas un plaisir que d'être alors muet ?

Mais avoir près de soi quelque sot fanatique
Qui sait trouver impie et parfois anarchique
Le discours le plus pur, l'acte le plus parfait,
N'est-ce pas un plaisir que d'être alors muet ?

Mais ouïr un jésuite outrager l'innocence
Et crier anathême à qui prend sa défense,
Le tout au nom d'un dieu qui lui sert de hochet,
N'est-ce pas un plaisir que d'être alors muet ?

F. V , de Couze.

L'ESCLAVAGE DE LA CONSCIENCE.

Je ne gémirai plus sur ta grandeur passée ;
En secret désormais mon cœur battra pour toi.
Patrie, en vain tes maux occupent ma pensée,

Une larme peut-être.... et c'en est fait de moi.
Ah! pardonne; enchaîné par des sermens terribles,
J'ai juré de quitter ton culte et tes autels,
De vouer à l'oubli tes guerriers invincibles
   Et leurs triomphes immortels.
Oui, je dois les bannir bien loin de ma mémoire
Ces nobles souvenirs que mon cœur a portés :
  On ne doit plus parler de gloire
  Quand on n'a plus ses libertés.
  . . . .
  . . . .
  Ah! que des tyrans mercenaires
  Le joug altier pèse sur vous,
  Et que, soumis à leur courroux,
  Dévorant vos plaintes amères,
  Vous ne puissiez qu'à leurs genoux
  Porter vos vœux et vos prières;
  Que la main de fer du malheur
  Frappe vos cités attristées;
  Que l'infortune et la douleur
  Dans vos campagnes dévastées
  Glacent la main du laboureur;
  Et que, contens de vos misères,
Vos maîtres furieux, pour combler leurs désirs,
  Après avoir condamné vos prières,
  Condamnent jusqu'à vos soupirs.....
Hélas! il me faudra dévorer ces outrages,
Regarder d'un œil sec vos publiques douleurs,
Offrir à vos tyrans mes serviles hommages
   Et mes accens adulateurs!
Malheureux! n'ai-je pu, dans ma juste colère,

Braver le joug affreux que l'on venait m'offrir !
Mais chaque jour, hélas ! augmentait ma misère,
   Devais-je me taire et mourir?
J'ai parlé, j'ai gémi.... La mort ou l'infamie
    Devaient seuls accomplir mon sort....
Je ne suis plus ton fils, ô ma noble patrie !
   J'ai préféré l'infamie à la mort.

        H. P. de S....es.

LES MORVEUX.

CHANSON.

 En tout tems le conseil est bon,
 Il faut agir avec prudence;
 Je le suis : d'ailleurs la prison
 Est une autorité, je pense.
 Parlant toujours à mots couverts,
 Sur les noms je ferme la bouche;
 Je peins des vices, des travers,
 Et qui se sent morveux se mouche.

 Qu'en France un visir insolent
 Dans le deuil plonge sa patrie,
 Et, pour régner plus aisément,
 Qu'il veuille étouffer le génie :
 Ce monstre.... je l'appelle Omar....
 Cet incendiaire farouche
 Naquit trop tôt, mourra trop tard,
 Et qui se sent morveux se mouche.

Si, plus fin, plus méchant encor,
A nos dépens l'autre s'engraisse ;
Radieux et tout gorgé d'or,
S'il rit de nos cris de détresse :
C'est..... je n'ose dire son nom,
Car la vérité l'effarouche ;
C'est un Normand..., bien que Gascon,
Et qui se sent morveux se mouche.

Près d'eux voyez cet impotent,
Des vieux bouquins il sent la poudre ;
Plus loin ce tonnerre impuissant,
Triste emblême de notre foudre.
D'un trait j'achève le tableau :
Le premier dort comme une souche,
L'autre singeait l'aigle à Chaillot,
Et qui se sent morveux se mouche.

Tel qu'un vaisseau désemparé,
Qui vois-je marcher à leur suite ?
C'est.... ah ! qui l'aurait deviné !....
Un marin.... avec un jésuite
Un jésuite !.... Êtes-vous certain ?....
Moi ? de rien ; mais ce regard louche,
Ce poignard qui brille en sa main....
Puis.... qui se sent morveux se mouche.

P. D.

ÉPIGRAMMES.

Hier, dans un tripot, un gentil chevalier
Disait à haute voix : Que ces cartes sont sales !
Quel désordre, bon Dieu ! Pour y remédier
On devrait établir des censeurs dans nos salles.
Garçon ! un sixain neuf; nous en avons besoin....
Quel sixain voulez-vous ? repart le bon apôtre;
De cartes ? j'en aurai chez le marchand du coin;
Mais je ne sais, d honneur, où diable trouver l'autre.

. R.

Sautez, dansez, chantez, heureux troupeau chrétien,
D'un gracieux *Regard* le ciel vous favorise;
N'allez pas au travail mouiller votre chemise,
Vous aurez sans rien faire un *Pain* quotidien.
Vivez à l'espagnole et sans inquiétude,
On vous épargnera jusqu'au soin de mâcher;
Et pour veiller sur vous, dans sa sollicitude,
Le ciel, heureux troupeau, vous envoie un *Vacher*.

R.

IMITATION LIBRE

DES STANCES ITALIENNES DE MANZANI
INTITULÉES LE CINQ MAI.

Il fut.... Son ame enfin, rompant d'indignes fers,
 A fui l'enveloppe mortelle....
  Silencieux, glacé comme elle,

Le coup qui l'a frappé frappe aussi l'univers ;
Il est muet : sa pensée arrêtée
Aux portes du néant voit l'homme du destin.
Quel mortel foulera sa trace ensanglantée ?....
Le présent, l'avenir, le cherchent ... mais en vain.

Ma voix se tut lorsqu'il toucha le faîte ;
Il tomba, se dressa, puis tomba de nouveau :
Mille voix s'élevaient ! la mienne était muette,
  Elle l'attendait au tombeau,
Vierge d'un faux honneur et d'un brillant servage ;
  Il n'est plus ! Chante ses hauts faits,
O ma Muse ! tu hais et l'encens et l'outrage :
  Tes chants sont purs, ils ne mourront jamais !
   Des Alpes jusqu'aux Pyramides,
   Du Mansanarès jusqu'au Rhin,
   De ses foudres aux coups rapides
Les peuples redoutaient le murmure lointain ;
   Ils éclatèrent aux rivages
   Et de Scylle et du Tanaïs,
  Et des deux mers les vastes plages
Recouvrent des cités les funestes débris.....
Mais ne posséda-t-il qu'un fantôme de gloire ?
Le tems juste et sévère un jour nous le dira.
Inclinons-nous : celui qui commande à l'histoire,
  Le Tout-Puissant, voulut, et le créa.

Plus fort que l'homme, il unit l'espérance
Qu'on attache en tremblant à de hardis desseins
  A l'indocile et brusque impatience
D'atteindre un sceptre et d'en orner ses mains.
  Ce qu'il obtint pour prix de sa constance

Dût-il jamais l'espérer sans démence?....
Quels sont les jeux du sort sur les faibles humains !
   Toujours une gloire plus vive
Sembla naître pour lui dans le sein du danger :
Guerrier devenu roi, dans sa marche hâtive
Il élève, il renverse, il semble tout changer ;
Deux fois de ses autels il voit couvrir la terre,
  Deux fois son nom roule dans la poussière !
Les siècles se heurtaient, mais il s'assit entr'eux :
« Déposez, leur dit-il, ces brandons furieux ;
» C'est aux seuls étrangers qu'il faut montrer vos armes ;
  » Soumettons les .. bannisse vos alarmes,
» Obéissez !.... » Bientôt, au sein des vastes mers,
Lui qui dictait des lois vint languir dans les fers !
Un roc inhabité fut sa prison lointaine.
   Qui choisit cet affreux séjour?
La piété (1), l'orgueil (2), l'inextinguible haine (3)?
   Peut-être un indomptable amour (4) !

Voyez ce matelot surgir vers le rivage,
Porté sans nul effort par les flots inconstans :
Un nuage s'approche, et les fougueux autans
Tout près du port, hélas ! ont causé le naufrage ;
Et ces dociles flots devenus furieux
L'accablent de leur poids et lui cachent les cieux !
  Tel est son sort : sa grande ame troublée
Chasse des souvenirs dont elle est accablée.
Combien de fois sa main voulut à l'avenir
   Confier ses peines cruelles !

---

(1) Rome.   (2) L'Angleterre.   (3) L'Autriche.   (4) La France.

Mais sur les pages immortelles
Sa plume retombait devant un souvenir....

Souvent, les bras serrés sur sa large poitrine (1),
Vers le soir il fixait l'astre éclatant du jour :
« Comme lui, mon étoile à son couchant décline,
» Disait-il ; et c'est sans retour ?
» Sans retour ! non, demain va renaître l'aurore ;
» Mes tentes, mes soldats, vont couvrir ses sillons,
» Et l'éclair de la mort va couronner ces monts
» Que l'ennemi n'a pu gravir encore !
» Amis, accourez tous ! Le monde s'est armé
» Contre ma puissance et ma gloire....
» Dans les fers, des amis !.... Où sont ils?.... Insensé,
» Va, cesse de rêver l'empire et la victoire. »

Tant de regrets, tant de malheurs,
D'un sombre désespoir allaient ternir sa vie ;
Son ame lutte encor, mais elle est affaiblie ;
Son génie est vaincu par le poids des douleurs.
C'est alors qu'une main pieuse
Le guide dans les champs de bonheur et de paix.
Là, de l'immensité qui ne change jamais
Il connaît les secrets · sa foi n'est plus douteuse ;
La gloire des humains pour lui n'est plus trompeuse ;
Ténèbres, vanités, pour lui n'ont plus d'attraits.

Céleste vérité par un Dieu révélée !

---

(1) C'est presque le mot à mot de Manzani, et j'ai dû m'en servir quoique M. de Lamartine en ait fait usage dans sa pièce sur Napoléon. M. Manzani est le plus ancien en date, et c'est un vers remarquable parce qu'il fait portrait.

Foi des chrétiens! immortelle pensée!
Toi des triomphateurs et le guide et l'appui,
Réjouis-toi! Jamais un soldat tel que lui
Ne vint graver son nom sur le livre de vie,
Et, devant Golgotha saintement prosterné,
Jamais héros plus digne de l'envie
N'abattit son front couronné.

Que le murmure du méchant
Ne vienne point troubler ses cendres honorées :
Le Dieu fort, le Dieu des armées
Le soutient de son bras puissant.
Des élus du Dieu qui console
Il a revêtu l'auréole :
Ce Dieu, pour effacer tout ce qu'il a souffert,
Repose auprès de lui sur le rocher désert.

LOSSING.

PETIT AVERTISSEMENT
UTILE, CURIEUX ET INDISPENSABLE.

La censure, rétablie par une ordonnance royale, devait avoir pour nous force de loi. Jamais il n'était entré dans notre tête de chercher à nous en affranchir.

Cependant, un beau jour nous nous demandons si les censeurs ont le droit de tronquer ou d'éluder le texte de l'ordonnance, et d'ajouter même à sa rigueur; voici à quel sujet:

En envoyant nos articles à l'abattoir, nous écrivions aussi lisiblement que nous le pouvions; au retour, il était impossible de donner un sens à nos premières pensées. Un mot, deux mots, quatre mots, dix lignes, une page, étaient EFFACÉS, de telle sorte que, si nous voulions mesurer le degré de notre culpabilité, il devenait très-difficile de nous en assurer. L'encre qui avait raturé était *aussi noire qu'un geai,* comme le dit certain censeur, et les *barres* faites sur les lignes et les mots, avaient quatre lignes d'épaisseur; il n'y avait *aucune* intervale entre les ratures (aucune!), et nous recevions des pages entièrement noires.

Peu satisfait, j'écrivis à M. Labroue, *notre correcteur,* la lettre suivante:

« Être censuré est aujourd'hui notre lot; cen-
» surer est votre tâche. L'ordonnance du Roi vous
» dit de *censurer* et non d'*effacer*. M. le Préfet,
» dans les premiers articles qu'il a renvoyés, s'est
» contenté de faire *une croix* sur les passages
» qu'il défendait. J'ose espérer, monsieur, qu'à
» son exemple vous nous *censurerez* sans nous
» *effacer*; afin que nous puissions nous con-
» vaincre plus tard que nous n'avons écrit que
» ce que nous ne rougissons pas de lire.

» *P. S.* Je désire que ma lettre soit imprimée;
voulez-vous la censurer? »

Point de réponse......

J'allai le lendemain la chercher moi-même. Je vis pour la première fois M. Labroue, et je fus agréablement surpris. Pas d'encre rouge, pas de ciseaux sur son *établi* ; en revanche beaucoup de plumes et une grande écritoire. Le ministre ne ressemblait nullement à une parque : je cessai de trembler.

Notre explication fut franche. Il *effaçait*, parce que quelques lignes insignifiantes avaient été imprimées sans être censurées; ceci avait l'air d'un vol de ma part; ce n'était qu'une négligence du garçon chargé d'apporter les articles à la censure. Je reçus avis d'être plus exact à l'avenir, et je tins parole. Cependant le sacrificateur et la victime après quelques pourparlers, furent à peu près d'accord. Le premier assurait qu'il remplirait son devoir jusqu'au bout, moi je protestais d'avance contre tous les actes qui me sembleraient en opposition avec l'ordonnance.

Jusque là, tout allait bien ; j'étais soumis en raison de l'exigence de mon adversaire......... Je demandai à vingt personnes ce qu'était M. Labroue que je venais de voir pour la première fois ; toutes me répondirent : c'est un bon Citoyen, un homme social, obligeant, exact à ses devoirs, fidèle à ses promesses. Ses manières sont affables, ses procédés délicats. Chargé long-tems, dans les administrations, d'une partie difficile et périlleuse, il a su, par une sage fermeté, conserver l'estime de tous, et n'a été funeste qu'aux méchans. Je crus aisément à ces éloges désintéressés.

Voilà donc le *vir probus*, me dis-je, enchanté. Mais pourquoi donc est-il censeur? — Comment! c'est M. Labroue qui est censeur? — Oui. — Pas possible. — Voyez plutôt (et je montrais les visa. On y lisait : *Vu* PAR *le Préfet, le Conseiller de préfecture délégué : Labroue*). — Oh ! si M. le Préfet lit vos articles, nous sommes tranquilles. — Oui ; mais je sais qu'il ne les lit pas. — Comment donc; puisqu'il y a *vu par*, et non *vu pour*, je vous garantis qu'il doit les lire. — Et moi je vous proteste que c'est impossible, puisque j'envoie souvent les articles à deux heures et que une

heure après on me les rend revêtus du *visa*. Or, comme M. le Préfet n'est point à Bordeaux..........
— C'est vrai ; mais c'est bien drôle. — C'est pourtant comme cela.

Il me prit un jour la fantaisie de m'assurer si, en effet, par un moyen que je ne connaissais pas, M. le Préfet, quoique absent, pouvait lire mes articles. Envoyons, me dis-je, une page *absolument privée de sens* au bureau de la censure. M. d'Haussez n'est pas homme à condamner des mots ; c'est le sens d'un article qu'il refuse ou qu'il approuve ; et ce qui ne veut rien dire n'est jamais coupable ; des mots sonores et ronflans ne peuvent pas l'abuser ; s'il lit mon article, il mettra au bas : *Je ne comprends pas*, et non *article supprimé*.....

Je réunis donc les mots magiques *balance de l'Europe, coup de canon européen, bouleversement des royaumes, jonction immédiate des escadres, forces combinées*, et autres substanamtifs sonores, par des expressions plus ou moins biguës, mais toujours ridicules, et je fis partir mon article, honteux presque de mon stratagème. Qui le croirait ! il m'arriva biffé, et je lus au bas les mots : *Supprimé tout en entier ; vu par le Préfet, le Conseiller de préfecture : Labroue...* N'oubliez pas, je vous prie, que M. d'Haussez était absent et malade.

Ainsi voilà la censure trouvant répréhensible

ce qui ne peut pas l'être, et condamnant ce qu'elle ne comprend pas ! ! ! ! !....

Du reste, comme il est douteux que tout le monde ajoute foi à mon récit, il m'importe de convaincre les incrédules, et je publie l'article supprimé par M. Labroue; il est intitulé une demi-page. Ce ne sera pas la pièce la moins curieuse du procès.

De telles ruses sont légitimes; elles prouvent la faiblesse de nos adversaires; mais, hélas ! le succès est loin de nous rassurer, puisqu'il sert à nous convaincre que nous sommes victimes d'une volonté incapable d'apprécier la valeur des mots, et le degré de culpabilité d'un article. N'est-ce pas fort triste ?

J. A.

UNE DEMI-PAGE.

L'Europe entière semble maintenant agitée. Des escadres nombreuses partent des ports de la Russie, de l'Angleterre et de la France. Elles sont destinées, disent les diplomates, à pacifier enfin le Levant et la Grèce...... Belle consolation pour les cendres des héros de Missolonghi, de Chio et d'Ipsara ! N'importe; les armées belligérantes vont déposer les armes, ou se mettre en hostilité avec la France, la Russie et l'Angleterre. Soit (ceci est clair; lisez le reste).

Mais supposons que la jonction immédiate des escadres, dont le but est déjà si connu, se trouve annexée avec la flotille commandée par le capitaine Collet; et que, par suite de la non-coopération de l'Autriche dans les forces combinées, le résultat en soit incertain: voilà, certes, l'ouest de la France ouvert au caprice d'un monarque peu consciencieux de nos libertés, et la balance de l'Europe compromise. Et qui vous dit, après cela, que les Irlandais, fiers d'une émancipation qu'ils doivent à Pierre I.er, n'imposeront pas à leur prince l'obligation de retenir loin d'eux Don Miquel, libre alors de faire cause commune avec le souverain qui l'a accueilli dans son exil? Ainsi donc, le premier coup de canon européen tiré en Grèce, va allumer l'incendie jusque dans le Brésil, qui, veuf de son omnipotence, peut chercher, ainsi que la république de Buenos-Ayres, à conquérir son indépendance éphémère. Les corps politiques vieillissent comme les corps humains. La mort n'a pas de vigueur; et faibles et dociles, tandis que le nouveau monde grandit et se fortifie, nous verrions bientôt peut-être nos villes tributaires de Bogota, de Rio-Janeiro, de Montevideo, de Lima, de Mexico, et nous-mêmes devenir à notre tour les héroïnes de métropoles situées dans les deux

Amériques. En vérité, il vallait bien la peine de supporter de si lourdes charges, pour arriver jusque-là!!!..... (Eh bien! lecteur, qu'en dites-vous?).

J.' Arago.

Du rétablissement de la censure, par M. le vicomte de Chateaubriand, pair de France. — *De la censure.* — *Lettre à M. Lourdoueix, par J. P. Pagès (France Chrétienne).*

Deux brochures viennent de paraître sur le dernier acte du ministère. Nous sera-t-il permis d'en rendre compte? Nous l'espérons.

Les matières qu'elles traitent ne sont pas de notre compétence. La politique et la littérature appartiennent à deux familles distinctes. Aussi ne nous occuperons-nous pas du fond. La logique et le style............... tout cela est littéraire; nous ne sortirons pas du cercle qui nous a été tracé. Si nous jugions avec le sentiment d'indignation qui nous domine, nous annoncerions deux chefs-d'œuvre; voyons si notre raison est d'accord avec lui; et pour me bien convaincre que mon intérêt personnel, celui de mon pays et notre gloire nationale n'entrent pour rien dans le jugement que je vais porter, je cherche d'abord à me persuader que la censure nouvellement établie était une mesure commandée par les *circonstances graves* dans lesquelles nous nous trouvons. Les mathématiques sont une science *de fait*. Deux esprits droits ne peuvent pas voir différemment ; et néanmoins on n'arrive souvent à un résultat positif qu'à l'aide de suppositions absurdes. La littérature peut user des mêmes moyens.

Est-il possible que des mots simples et des phrases harmonieusement cadencées subjuguent la raison, lorsqu'ils ne parlent qu'à nos oreilles ?... Non. Certes M. de Chateaubriand n'a pas prétendu faire un poëme ; le bon sens a tenu la plume, l'écrivain a tracé les caractères ; et, sans indignation, sans violence, il a raconté des faits et tiré des conséquences. Il lui a parfois été impossible de se modérer assez pour ne pas montrer les cicatrices de son cœur ; mais son langage est celui de l'athlète qui est vaincu par une puissance contre laquelle la force des hommes ne peut rien. Il est vaincu ; mais cette défaite est un triomphe éclatant pour lui et pour tous les amis de nos libertés. Il est impossible de lire cet écrit sans gémir sur l'étrange aveuglement de certains individus qui veulent nous traîner dans les ornières de l'ignorance ; il est impossible de l'avoir lu sans ouvrir son cœur à toutes les espérances qu'il nous donne. Savez-vous pourquoi il tremble pour le trône? parce que le trône est trompé; savez-vous pourquoi il foudroie les ministres? parce qu'il les voit sans cesse armés contre nos droits et notre gloire.

On peut suivre M. de Chateaubriand partout. On sera sûr de le trouver toujours sur les brêches honorables. Son éloquence défend l'autel, son éloquence protège le trône, son éloquence affermit la liberté. La liberté de M. de Châteaubriand n'est pas dangereuse; personne ne cherchera à nous prouver qu'elle ressemble à la licence. La patrie de M. de Chateaubriand cessera d'être la sienne, dès qu'il reconnaîtra que ses efforts pour en chasser les hommes qui la déshonorent seront infructueux; quant à l'autel, on sait quel est le dieu du chantre des *Martyrs*.

C'est un fait généralement reconnu, que personne n'a écrit la brochure comme M. de Chateaubriand. Et, après en avoir admiré la simplicité du style et la profondeur des raisonnemens, on sera forcé de convenir que ce qui en fait le principal mérite, c'est la fixité des idées. Le dernier écrit est, pour ainsi dire, la conséquence du premier, ou son complément. L'illustre pair n'a pas des pensées pour chaque époque; elles ne sont pas chez lui le résultat des actes du pouvoir : ce qui a été juste à ses yeux il y a dix ans, il le proclame juste encore aujourd'hui; l'empire du monde ne lui arracherait pas une concession honteuse; et il aimerait mille fois mieux être martyr de la liberté que souverain d'immenses troupeaux d'esclaves.

L'acte du ministère contre lequel s'est si éloquemment élevé le noble orateur, a donné naissance à une foule d'autres écrits, parmi lesquels la brochure de M. J. P. Pagès occupe le premier rang. N'y cherchez point toutefois l'urbanité des discussions de la tribune, ou la politesse attentive qui donne le tems à l'écrivain de peser ses mots, et de modérer la virulence de ses épithètes. M. Pagès vous le dit lui-même, il n'est pas de notre siècle : il s'arme, il frappe, il renverse sans envisager les conséquences. Il voit le vice, il le terrasse; il découvre l'hypocrisie et la turpitude, il les dénonce, il les démasque, il les marque d'un fer brûlant; il s'en vante hautement, comme nos vieilles légions se vantaient de leurs triomphes. M. Pagès, voyant la honte assise à côté du pouvoir, poursuit le pouvoir qui la protège. Nulle barrière ne peut s'opposer à l'impétuosité de ses coups; c'est un torrent qui les renverse, et qui en disperse au loin les débris. Ne croyez pas que ses victoires soient obscures, il en veut surtout aux chefs, à ceux dont la haine est le plus redoutable. Chacun de ses argumens est un coup de massue, chacun de ses adversaires une victime. Après sa victoire, il les traîne dans la boue d'où il les a tirés pour les placer sur son terrain. M. Pagès tombera peut-être avec les ennemis qu'il aura vaincus; mais sa chute ébranlera un parti, et des lauriers croîtront sur sa tombe.

La brochure de M. de Chateaubriand et celle de M. Pagès se trouvent aujourd'hui sur tous les bureaux, dans toutes les bibliothèques. Ce sont deux des monumens les plus remarquables de notre époque. S'ils ne font pas révolution, désespérons de notre avenir et courbons la tête.

J. Arago.

SUR L'EMPLOI DU MOT *MONSIEUR*.

L'étimologie de *Monsieur* se trouve dans les deux mots latins *meus senix*, littéralement *mon vieux*. Il est tel ci-devant jeune homme qui, s'il savait le latin, ne voudrait plus qu'on l'appelât *Monsieur*.

L'emploi de ce mot est sujet à beaucoup de nuances qu'il n'appartient qu'à un Français de bien saisir. Ne l'adressez jamais à un évêque, un duc et pair, car il est défendu à Messeigneurs de répondre à cette appellation triviale.

A l'une des premières représentations du *Mariage de Figaro*, un jeune homme ne cessait de s'écrier : Mon Dieu, que ce Beaumarchais a d'esprit ! — Le mot de *Monsieur* ne vous écorcherait pas la bouche, interrompit Beaumarchais lui-même, d'une loge voisine. — Je ne m'en dédis pas, reprit le jeune homme; Beaumarchais a bien de l'esprit, mais *Monsieur* de Beaumarchais est un sot.

Scaron a dit, dans la préface du *Roman comique*, qu'il appelait quelquefois un laquais *coquin*, et l'instant d'après *Monsieur*.

En France on dit Monsieur de Sallabéry, Monsieur de Saint-Chamans, etc. A Rome on disait, Caton, Cicéron : il est vrai que

. . . . . Cicéron n'était pas gentilhomme.

Le titre de *Monsieur* fut quelquefois l'apanage des classes privilégiées ; le *Sieur* était assez bon pour des vilains. Cette distinction singulière cessa au commencement de la révolution. Alors tout le monde tint à honneur de s'affubler du beau titre de citoyen, que bien des gens repousseraient aujourd'hui. Exemple : Le citoyen Vaublanc. On sentit bientôt que cette qualification, prostituée à tant de monde, ne signifiait plus rien, et l'on en revint au mot sans conséquence de *Monsieur*.

L'usage n'est pas d'appeler les auteurs *Messieurs*, mais on s'empresse de leur restituer ce titre dans la vie privée, surtout quand à la considération qui s'attache au mérite ils réunissent l'estime publique qui s'acquiert par une conduite honorable. Lepeintre aîné est d'un comique parfait dans *les Cancans*, *les Maris sans Femmes*, etc. *Monsieur* Lepeintre aîné compte plus d'amis à Bordeaux que M. Peyronnet.

L'usage veut encore qu'on donne aux auteurs vivans ce titre de *Monsieur*, qu'on leur retire après leur mort; mais il est des génies heureux pour lesquels le suffrage de leurs contemporains aime à devancer la postérité. C'est ainsi que l'on dit : les poésies de Béranger, les œuvres de Chateaubriand, de Casimir Delavigne. On dit pourtant: les conférences de *Monsieur* Frayssinous, les homélies tragiques de *Monsieur* Mély-Janin, etc. Ce que c'est que l'usage !

X.

LE TAILLEUR ET SON GARÇON.

Le Tailleur. — Petit-Jean, mes ciseaux.....

Petit-Jean. — Y pensez-vous? Quoi! vous allez faire de l'ancien régime sur un habit qui convient au siècle présent?

Le T. — Plus tu raisonneras, mon garçon, et plus je rognerai. Que signifie cette carrure de poitrine et ce poignet? Cela donne aux Français un air trop aisé; il leur faut des vêtemens qui les presse et les étouffe, comme dans le *bon tems;* il faut que leurs bras et leurs jambes soient enchaînés, afin qu'ils ne puissent faire le plus petit mouvement.

P.-J. — On se moquera de votre mode.

Le T. — Ah ! si j'avais en main la puissance, à la place de mes ciseaux !......... Je fais bien le serment.... Je forcerais bien les récalcitrans... Suffit.

P.-J. — Passe pour le serment; mais pour la force, c'est une logique qui n'a pas le don de me persuader. Un jour..... un an .... elle règne, plus ou moins..... et les *esclaves* trouvent du soulagement dans ce refrain : *Ça ne durera pas toujours.*

Le T. — Sais-tu que tu raisonnes comme un livre qui prêche la rébellion ! Petit-Jean ! Petit-Jean ! tu lis; je vois cela, et tu hantes la mauvaise société.

P.-J. — Eh ! monsieur, je fais ma société de la vôtre, et, quant à l'autre accusation, j'avoue que je lis par fois un excellent ouvrage.

Le T. — Son titre?

P.-J. — Je l'ai oublié; mais je me rappelle parfaitement y avoir remarqué ce vers:

. . . .
Rome ! mes yeux sur toi seront toujours ouverts.

Le T. — Belle mémoire qui ne te sert qu'à retenir des sottises !... Mais, en conscience, voyons, en lis-tu d'autres ?

P.-J. — Oui, je l'avais oublié. Celui que j'étudie en ce moment, et qui parle souverainement à mon cœur, fut recommandé à tous les hommes par un philosophe célèbre. Il m'apprend que je suis libre.

Le T. — Toi, libre ! Je suis ton maître.

P.-J. — Si je veux, dans l'instant vous ne le serez plus. Ce livre m'apprend aussi que je dois respecter les lois, chérir ma patrie, être le bâton de vieillesse de mon père, défendre le faible contre le puissant injuste ; il me dit aussi que je puis exprimer ma pensée tant qu'elle n'outrage ni la morale publique, ni la religion, et qu'elle peut devenir utile à tous.

Le T. — Mes ciseaux !...... Réponds, jeune insensé ; avant que je rogne, dis-moi, quel est cet écrivain maudit qui a écrit de pareilles extravagances.

P.-J. — La nature.

Le T. — La nature !

P.-J. — Patron ! c'est ici le procès du bon sens contre la folie.... ma foi, je suis pour le bon sens.

Le T. — Et moi... Tu m'entends. En avant mes ciseaux ; pas de transaction. Taillez, rognez, gaspillez, estropiez cet habit, et envoyez à tous les diables les pratiques et Petit-Jean, s'ils osent se plaindre de ma coupe.

LA CORBIÉRÉIDE,

Poëme en 4 chants, par Barthélemy *et* Méry.

Voici le complément du châtiment infligé par deux courageux poëtes aux excellences qui nous font gémir sous leur verge de fer. P.ey........ Vil....., les Jésuites ont été fouettés; c'est aujourd'hui le tour de M. de Cor......, si injustement appelé *Marmotte*.

Non, messieurs, notre ministre de l'intérieur ne dort pas toujours; et la trop fameuse ordonnance sur les licenciement de la garde nationale de Paris prouve assez que les doigts de son excellence savent s'armer, quand il le faut, d'une plume vengeresse..... C'est ce grand acte de justice et de fermeté que MM. Méry et Barthélemy ont voulu chanter; et, dignes d'eux-mêmes, ils l'ont fait en piquantes épigrammes, en hémistiches vigoureux, en tableaux énergiques.

Voici le début de ce livre qui doit ajouter encore à la réputation si noblement acquise des deux nouveaux Bruéis et Palaprat.

> Dans un salon doré, centre d'un grand domaine,
> Les bras sur sa poitrine, un homme se promène;
> Ses brusques mouvemens, ses gestes indécis,
> D'une tête brûlante attestent les soucis;
> Sa coiffure en désordre, et ses habits sans faste,
> Forment au sein du luxe un étrange contraste.

Sa taille n'offre pas cet air de majesté
Que prête aux grands du monde un vulgaire hébété;
Mais ses yeux enfoncés montrent, en traits de flamme,
Que dans un petit corps peut vivre une grande ame.
Ses pas sont saccadés; il aspire cent fois
La poudre aux grains piquans, absente de ses doigts;
Souvent même, aux reflets de la glace lointaine,
Il tressaille en voyant une figure humaine.
Il s'arrête parfois, et son oreille alors
S'ouvre pour recueillir les fracas du dehors.
D'autres fois, épiant une aiguille trop lente,
Il trahit malgré lui la fièvre de l'attente,
Et son œil inquiet, sollicitant la nuit,
Accuse les rayons de la lune qui luit.
Ce salon où partout la bougie étincelle,
C'est le temple du fisc, et cet homme est Villèle.

En effet, le ministre des finances attend un de ses collègues, il craint les effets de la revue qui se prépare au Champ-de-Mars; il sait qu'on va demander sa destitution à grands cris, et il témoigne de justes craintes :

Nous ne sommes que trois, ils seront trente mille,

s'écrie-t-il dans son anxiété.

De ce corps factieux supprimons l'existence;
Une ligne suffit, nous forgeons l'ordonnance,
Et tu la signes.

CORBIÈRE, *effrayé*.

Moi!

VILLÈLE.

C'est ton département.

CORBIÈRE.

Et me soutiendrez-vous?

VILLÈLE.

Je t'en fais le serment;
Que peux-tu redouter?

CORBIÈRE.

A parler sans contrainte,
Je crains tout, cher Villèle, et n'ai pas d'autre crainte.

Reconnaissons encore ici le langage du protecteur et du protégé; l'un tutoie, l'autre n'ose pas; mais, ajoute Villèle,

Écoute et prends du cœur : tu connais bien Tonnerre,
Pacifique héros qui préside à la guerre?....

CORBIÈRE.

Si je connais Clermont!

VILLÈLE.

C'est mon premier commis;
Automate docile, à mes ordres soumis,
Il me livre demain les cartons de Bellone.

Ici les deux poëtes énumèrent les troupes que Villèle va mettre à la disposition de Corbière pour soutenir son courage équivoque. Celui-ci est vaincu; il obéit, il proteste de son zèle, et tous les deux partent pour s'associer Peyronnet.

S'il te plaît de grossir ce conseil en plein air,
Nous serons trois : les dieux aiment le nombre impair.

CORBIÈRE, *d'un ton ferme.*

Eh bien! nous serons trois!

VILLÈLE.
    Ta réponse est sublime,
Et Corbière a déjà reconquis mon estime.
. . . .
. . . .

Cependant notre ministre de l'intérieur sort, et Villèle tremble que loin de lui sa vertu ne chancelle; il craint que son Andromaque épouvantée n'arrête la main qui doit contre-signer l'ordonnance.

Heureux, s'écriait-il, heureux l'homme d'état
Qu'un divorce gascon ramène au célibat!

Soudain Peyronnet entre.....

C'est un franc Bordelais, aimable et joyeux hôte,
Qui vient de festoyer un vin compatriote.

Et le lecteur est bien convaincu que S. Exc. n'est ce *franc Bordelais* que lorsqu'il est seul avec son collègue. Peyronnet, du reste, se range de l'avis de Villèle, et le *trio* se donne rendez-vous au Champ-de-Mars.

Ici finit le premier chant du poëme. La verve féconde de MM. Barthélemy et Méry s'y montre presque à chaque hémistiche. On croirait qu'après *les Sydiennes*, *l'Épître à Villèle*, *les Jésuites*, *les Grecs*, *Rome à Paris*, *le Congrès*, *la Villéliade*, *la Peyronnéide*, leurs traits devraient être émoussés; mais non; les poëtes trouvent toujours des expressions nouvelles ; chacun de leurs coups de fouet porte ; le sang coule des plaies, mais leur bras ne s'arrête pas. Voyez comme leurs héros sont ressemblans :

Et joyeux, chaque soir tu t'endors, si ta main
Du gosier d'un savant a retiré son pain.

Qui ne reconnaît M. de Corbière? Mais le voici plus complet :

Contre un sceptre de fer échange ta férule,
Pour marcher mon égal sois plus que ridicule ;
Il est si doux, le soir, de dire de son lit :
Que béni soit le ciel ! le peuple me maudit !

S'agit-il de peindre Villèle? trois mots suffisent : *Roi des Juifs*, tu l'emportes!!! Voulez-vous faire une connaissance plus intime avec Peyronnet ? écoutez :

Soudain Peyronnet entre, et son pas militaire
Fait résonner trois fois l'écho du ministère ;
Il porte sur l'œil droit sa toque de velours :
Sa robe, de son corps dessinant les contours,
Sur son robuste flanc avec art découpée,
Laisse entrevoir à l'œil la garde d'une épée.

Voilà certes des portraits ressemblans, et il est difficile d'employer un pinceau plus énergique et plus habile.

Chaque chant de ce poëme est aussi remarquable que celui que nous venons d'analyser.

Nous y reviendrons probablement; mais nous ne voulons pas achever cet article sans une nouvelle citation qui ne peut manquer de piquer la curiosité des lecteurs. Les poëtes esquissent le portrait des *mouchards* qui ont, comme chacun sait, un certain air de famille qui les fait aisément reconnaître. Ils les peignent ainsi :

Le chapeau bosselé, penché sur la visière,
Le jonc qu'un noir cordon fixe à la boutonnière,
La redingote bleue et l'étroit pantalon,
Le gilet haut croisé, les bottes sans talon,
Et ce large col noir dont la ganse impuissante
Dissimule si mal une chemise absente.
. . . .
. . . .
Là sont des inspecteurs cent fois débaptisés,
Des gendarmes subtils en hommes déguisés,
Des marchands doucereux, de faux légionnaires,
Des vétérans de l'ordre ou des surnuméraires ;
La plupart, descendus du fatal échelon,
Sous la casaque rouge ont brillé dans Toulon.
. . . .
. . . .
L'État doit son salut à leurs procès-verbaux ;
Au service public leurs têtes sont blanchies ;
Ils sont les arcs-boutans des vieilles monarchies ;
Et cet ingrat public, étrange iniquité !
Du titre de *mouchards* flétrit leur dignité.
Ministre impartial, du moins ton éloquence
Des parias français embrassa la défense,
Le jour où tu voulus leur payer à ton tour
Un tribut solennel de justice et d'amour.

A notre avis, ce poëme, aussi gai que la *Villéliade*, renferme encore plus de traits comiques et autant de pensées mures. Arrivant après une foule de compositions originales, il prouve par conséquent un plus grand mérite ; et si nous avions à choisir sur les divers ouvrages de MM. Barthélemy et Méry, nous préfèrerions le dernier venu.

C'est encore M. Dupont qui en est l'éditeur. La quatrième édition en sera bientôt épuisée.

J.' ARAGO.

DEUXIÈME PETIT AVERTISSEMENT.

M. de Chateaubriand me faisait l'honneur de m'écrire il y a peu de jours : *J'ai aperçu beaucoup de ciseaux dans votre journal, ce qui me prouve qu'en effet la censure est plus tolérante sur les bords de la Garonne que sur ceux de la Seine. Une paire de ciseaux serait ici encore plus criminelle qu'un blanc : ces messieurs croiraient qu'on les appelle en duel.*

J'avais en effet écrit au noble pair que notre censure remplissait ses devoirs sans trop de rigueur... Les tems sont bien changés, et depuis quelques semaines les ciseaux et l'encre noire *comme un geai* sont devenus des sacrificateurs intraitables. Il y a, dans la proscription exercée par M. Labroue, quelque chose d'hostile qui nous épouvanterait si nous étions accessibles à la crainte; et certains mots magiques ne peuvent entrer dans nos pages sans qu'un énorme pâté vienne aussitôt les couvrir.

Nous concevons l'impatience et l'ennui de nos abonnés; mais dépend-il de nous que notre journal soit moins triste, et ceux de la capitale ont-ils le secret d'amuser aux dépens des sots, des méchans et des ambitieux ?...... Nous ne le pensons pas; la plus innocente épigramme est regardée aujourd'hui comme un coup de poignard. On aura conspiré contre l'État, lorsqu'on se sera amusé aux dépends du *trois pour cent* ou de la prise de Chaillot. A la vérité, on nous permet encore les *Sauvages* et la *Girafe*, qui déjà sont passablement usés; mais si nous voulons parler des renards, des ours et des vautours, crac ! on crie à l'allusion, et les larges raies noires recommencent.

Las, à la fin, d'une lutte aussi inégale, nous cherchons souvent à éviter notre ennemi.... Impossible. Il s'attache à nous comme à une proie qui ne doit point lui échapper. Il se croirait vaincu s'il laissait passer un article sans *biffure*. Il effacerait une virgule si aucune syllabe ne blessait ses regards. Le mot *culinaire*, auquel sans doute il attache un sens séditieux, est surtout sa bête noire: il a été rayé dans les phrases les plus innocentes. Savez-vous pourquoi? Non.— Et vous? — Non. — Et vous? — Non. — Eh bien! ni moi non plus.

Voici un couplet où ce mot a été retranché :

>Viens : on dirait, Madeleine
>Que le printems dont l'haleine
>Rend la chaleur aux amans,
>A, cette nuit, pour te plaire,
>Chassé l'odeur CULINAIRE
>Qu'exhalaient tes vêtemens.

Une autre fois, en parlant d'un cuisinier Bordelais, nous dîmes qu'il avait des talens culinaires fort remarquables. La phrase fut encore biffée; pourquoi? Est-ce le mot en entier qui épouvante M. Labroue? Est-ce une fraction du mot? Quand nous aurons résolu ce problême nous en ferons part à nos lecteurs.

— *Que dites-vous du poëme de Marie?* — *Sainte-Vierge!....* Cette phrase a été biffée avec une longue ligne plus noire *qu'un geai*... Qui me dira pourquoi?.... Est-ce que M. Labroue serait l'auteur de *Marie*? Je ne le pense pas; et pourtant le poëme est bien mauvais !

Les personnes qui liront et les articles contenus dans cette brochure et toute notre mosaïque, se convaincront aisément que notre but était de poursuivre paisiblement notre carrière. Le *Kaléidoscope* n'a pas besoin de scandale; mais il ne veut pas toujours être à l'eau rose, et un peu de causticité, à de *courtes intervalles* (comme IL dit fort bien), ne déplairait pas à nos lecteurs. Au lieu de cela, on nous raye si le mot Napoléon est tracé une seule fois; on nous raie si nous parlons de Bolivar; on nous raie si nous parlons de Colbert et de Sully; on nous raie aussi si nous parlons de Corbière et de Villèle; on nous raie encore si nous voulons dire quelque chose; on nous raye enfin quand nous ne disons rien, comme on l'a déjà vu dans l'article intitulé *une demipage;* que faire alors?....

Quelques-uns de nos abonnés se sont découragés et nous ont abandonnés. Libre à eux. Mais nous avons cru devoir leur donner ce petit avertissement pour leur prouver que nous n'avions pas reculé devant nos devoirs. Quant à ceux qui ont fort bien senti que M. Labrouc était seul responsable de leur ennui, nous leur devons de la reconnaissance, et nous ne serons jamais en reste avec eux.

J'ai voulu vingt fois leur apprendre que c'était M. Labroue qui était notre censeur, ma phrase n'a jamais pu passer. L'encre noire *comme un geai* ne l'a pas épargnée, et quand le nom n'a pas été totalement effacé, du moins a-t-il été fort sali, ce qui nous a prouvé que nous aurions été coupables de le transcrire.

Une nouvelle brochure d'articles retranchés va être mise sous presse. Nos lecteurs n'y trouveront pas moins de sévérité que par le passé ; les Parques sont tenaces.

J.^s ARAGO.

SOUVENIRS HISTORIQUES.

Bassompierre, Mayenne, et le Cardinal, assassinèrent Saint-Maigrin : le roi Henri III fut inconsolable de la perte de son favori : il fit élever sa statue en marbre sur son tombeau; de sorte que, quand on en voulait à un favori, l'on disait : « Je le ferai tailler en marbre comme Saint-Mai-
» grin. »

— Philippe-le-Bel, le faux monnayeur, fit des lois somptuaires ; celle pour les repas était ainsi conçue : « Nul ne donnera au grand mangier (le
» souper) que deux mets et un potage au lard,
» *sans fraude* ; et au petit mangier (le dîner),
» un mets et un entre-mets; les jours de jeûne,
» deux potages aux harengs et deux mets, ou bien,
» un potage et trois mets. On ne mettra dans
» chaque écuelle qu'une manière de chair ou de

» poisson; le fromage n'est pas un mets, s'il n'est
» en pâte ou cuit à l'eau. » Si Philippe-le-Bel
donna lui-même l'exemple de la sobriété, en s'assujettissant à cette loi, c'est qu'il n'avait pas besoin de l'assemblée des États pour remplir ses coffres. Que les tems sont changés !...... Allez aujourd'hui offrir à messieurs tels et tels des potages aux harengs, et du fromage en pâte ou cuit à l'eau dans une écuelle, et faites passer votre budget si vous pouvez.

— Des lettres reçues de l'Inde assurent que l'empereur du Mogol va envoyer un éléphant blanc pour la ménagerie : il précèdera à Paris une baleine du Spitzberg. Si les petits cadeaux entretiennent l'amitié, d'aussi grands présens prouvent assez que nous sommes au mieux avec les barbares, témoins la girafe, les osages, l'éléphant blanc et la baleine.

LES ACCÈS DE FIÈVRE.

Voltaire éprouvait le frisson de la fièvre à l'approche de l'anniversaire de la Saint-Barthélemi : Voltaire était un bon citoyen. Comme le philosophe de Ferney, quel est l'homme qui, en passant dans la rue de la *Ferronnerie*, au souvenir de la mort du bon Henri IV, n'éprouve pas un accès de fièvre ?.... Pour moi, quand je vois mon pays victime d'une grande calamité, accablé par un grand fléau, j'ai la fièvre.

— Lorsque je songe aux ruines de Chio, d'Ipsara, de Missolonghi, j'ai la fièvre.

— Si j'entends faire l'apologie de Châtel et de Ravaillac, j'ai la fièvre.

— Lorsque je vois le cercueil d'un homme de bien roulé dans la fange, j'ai la fièvre.

— Lorsque je vois, à chaque page du *Kaléidoscope* une paire de *ciseaux*, j'ai la fièvre.

— Lorsque, oubliant qu'il a existé un petit homme, connu sous le nom de Napoléon, on donne à lord Wellington le titre de premier capitaine de l'époque, oh! vraiment, j'ai la fièvre.

— Quand je me rappelle ce tems désastreux où des machinations souterraines ouvrirent en France une effroyable carrière de malheurs et de crimes, j'ai la fièvre.

— Quand on prononce devant moi les noms de Charles IX et de Catherine de Médicis, j'ai la fièvre.

— Lorsqu'un ignorant s'avise de contester le talent tragique de l'auteur de Zaïre et de Mérope; lorsqu'un militaire, qui a fait ses campagnes dans son boudoir, cherche à rabaisser la gloire du premier conquérant du monde, j'ai la fièvre.

— Si l'on me parle de l'Espagne, autrefois si

florissante, aujourd'hui rayée du nombre des nations civilisées, j'ai la fièvre.

— Lorsque je retrace à mon esprit les sables brûlans de l'Egypte, les glaces de la Russie....... j'admire!......... Mais, soudain, je laisse échapper malgré moi le nom de Waterloo...... Waterloo!! Le souvenir d'un grand désastre, la mémoire *des braves des braves* m'arrachent une larme, et alors, je le sens, j'ai la fièvre.

— Enfin, lorsque, au moment de terminer cet article, je songe qu'il sera peut-être mutilé par une Parque inflexible...., je ne peux m'empêcher d'avoir la fièvre.

Louis L.

CORRESPONDANCE.

Collége de Pont-le-Voy, le 1.er Août 1827.

Monsieur,

Des motifs *graves*, entièrement étrangers à mon administration, et qui prennent leur source dans mes relations avec l'Université, me forcent de fermer mon établissement. Je dois aux pères de famille qui m'ont jusqu'à ce jour honoré de eur confiance, de faire un aveu franc de mes principes ; je me dois à moi-même, dans les circonstances critiques sous l'empire desquelles je suis placé, de ne pas laisser planer sur moi l'odieux soupçon que j'appartiens *en quoi que se soit* à la congrégation qui nous envahit, ou que je lui fais une concession que j'appellerais déshonorante.

J'ai mis tous mes soins à former l'esprit et le cœur des enfans qui m'ont été confiés. J'ai travaillé à préparer des hommes pour le monde, et non des hommes pour les cloîtres ; j'ai dit à mes élèves que la vertu n'était autre chose que le cri de la conscience, de l'honneur et de la franchise ; que le vice consistait dans la fourberie, dans le mépris de la foi jurée et dans l'oubli des devoirs sociaux qui lient les hommes entre eux : j'ai conservé mes disciples étrangers à tous les sentimens politiques, leur ame est restée fermée à la lutte haineuse que les passions du jour font naître ; enfin j'ai formé des chrétiens et des Français, c'est-à-dire des hommes pour la religion de l'Evangile et des hommes pour la patrie.

Voilà mes motifs de consolation et presque d'orgueil dans le moment actuel ; voilà mes titres à la reconnaissance des familles et à l'estime des gens de bien.

J'ai l'honneur d'être, monsieur, votre très-humble serviteur.

Le directeur du collége de Pont-le-Voy (Loir-et-Cher),
Germain Sarrut.

N. B. Nous ne sommes pas du tout surpris qu'un instituteur qui professe de tels principes ait été forcé de fermer son collége. De semblables faits nous affligent, mais ne nous étonnent plus.

IL VAUT MIEUX SE TAIRE.

A quoi bon jurer, crier, jeter feu et flamme contre les travers, les ridicules et les vices de l'époque, si votre voix n'est pas entendue, et si vous ne changez rien à la marche des choses?.... C'est pour l'acquit de notre conscience, me dites-vous. Beau bénéfice, vraiment! Quoi! pour cette petite satisfaction d'amour-propre, vous échauffez votre sang, vous remuez votre bile, et vous voyez le genre humain à travers un prisme qui vous le montre ingrat, ridicule et méchant! Pauvre philosophie! Taisez-vous, idiot, et ne soyez point le pot de terre prêt à être écrasé par le plus léger choc des cruches de fer. Suivez, suivez mon exemple; écoutez mes conseils, et croyez avec tant d'optimistes désintéressés, parmi lesquels je me classe, que tout est pour le mieux dans le meilleur des mondes possible.

A quoi bon, je vous le demande, publierez-vous que la mort de Canning est un malheur peut-être irréparable pour le genre humain?..... Avez-vous le pouvoir de ranimer les cendres de ceux qu'a frappés le destin? Non; *il vaut par conséquent bien mieux se taire.*

A quoi bon dire qu'il est probable que la reine d'Angleterre, Canning, les souverains des îles Sandwich, et Napoléon, sont morts de la même maladie? Empêcherez-vous les cancers à l'estomac d'exercer leurs ravages? Non; *il vaut donc bien mieux se taire.*

A quoi bon rappeler les vertus et les hautes qualités des Sully, des Henri IV et des Malesherbes? Empêcherez-vous les Sully et les Malesherbes de nos jours de piller les deniers de l'État et de s'enrichir aux dépens de leur patrie? Non, non; vous voyez donc encore qu'*il vaut mieux se taire.*

A quoi bon jeter des couronnes sur les tombes glorieuses des Foy et des Manuel? La *Gazette* est là pour insulter à nos regrets. Taisons-nous.

A quoi bon saluer de nos regrets et de nos larmes les murs encore fumans de Missolonghi, d'Ipsara et de Chio? Empêcherez-vous les Turcs d'orner les tours du sérail des têtes mutilées des chrétiens d'Orient ? Non ; gémissez et taisez-vous.

Changerez-vous les femmes en leur reprochant leur coquetterie ? les jeunes gens, en leur rappelant leurs indiscrétions ? les journalistes, en leur prouvant leurs mensonges ou leurs erreurs ? les docteurs, en leur montrant les cimetières ?... Empêcherez-vous les chiens enragés et les jésuites de donner la mort ? les écrivains indépendans, de citer les noms des grands capitaines, et des hommes qu'on a stigmatisés de l'épithète de censeurs ?... A quoi bon, je vous le répète, ces efforts et cette franchise ? Les monarques indolens n'en auront pas plus d'activité, les jésuites n'en continueront pas moins leurs attaques incendiaires, et les ministres de certaines puissances n'en resteront que plus tenaces dans leur système de rapine et d'exaction ; oui, lecteurs, le monde ira toujours comme il va. Vous verrez partout un nombre égal d'hommes probes et vicieux, vous ne détruirez pas la race des êtres pervers, et vous n'augmenterez point celle des gens vertueux ; en vérité, il valait bien mieux garder le silence, et s'écrier avec le philosophe : Tout est pour le mieux dans le meilleur des mondes possible.

J. ARAGO.

UN JÉSUITE ET UN IMPRIMEUR.

DIALOGUE.

Le Jésuite. — Salut, noble disciple de Guttemberg.

L'Imprimeur. — Salut, sublime disciple d'Escobard.

Le J. — Et cette fête, M. l'imprimeur?

L'I. — Eh! bien, cette fête aura lieu, M. le jésuite.

Le J. — Vous croyez... Cependant, si quelque contre-tems inattendu... Le ciel est bien noir aujourd'hui, M. l'imprimeur.

L'I. — Cela est vrai, M. le jésuite; mais qu'y faire? Sans être enrôlé sous la bannière de Loyola, mon cœur n'est pas fermé à tout sentiment pieux, et je ne me lasse pas de répéter:

La volonté du ciel soit faite en toutes choses!

Le J. — Ah! ah! du Molière.... C'est fort bien, et dès-lors.... il est naturel.... Tenez, je vais franchement vous dire la vérité, car j'aime la franchise, moi, M. l'imprimeur.....

L'I. — C'est singulier, M. le jésuite.

Le J. — Je fais depuis huit jours des vœux ardens pour que ce soir, samedi, 28 Avril 1827, une pluie inattendue vous chasse, vous disperse, vous licencie;...... en un mot, pour que l'Éternel agisse à l'imitation de l'illustre Corbière, qui, d'un seul coup de plume, a fait rentrer dans le néant 30,000 individus....

L'I. — Lesquels individus s'étaient permis un petit mouvement d'humeur envers ces gens qu'on voit,

D'une ardeur peu commune,
Par le chemin du ciel courir à la fortune.

Le J. — Encore du Molière, et toujours du Molière !.... Oui, monsieur, oui, et ce sont-là des choses qui ne se pardonnent pas; et celui qui ne cesse d'invoquer le ciel a droit au respect de tous les gens de bien.

L'I. — J'en conviens, mais lorsqu'il est sincère et non hypocrite....

Le J. — Bon, bon, voilà du jargon du XVIII.ᵉ siècle....... Quoi qu'il en soit, M. l'imprimeur, le ciel se couvre de plus en plus.... et j'ai lieu d'espérer ...

L'I. — N'espérez pas encore, je vous le conseille.

Le J. — Nous verrons bien, M. l'imprimeur.

L'I. — Oui, nous verrons, M. le jésuite; au revoir.

. . . .
. . . .

L'I. — Vous êtes bien rêveur, M. le jésuite.

Le J. — Ah ! vous voilà, M. l'imprimeur.

L'I. — C'est moi-même ; tout a été le mieux du monde : les nuages se sont dissipés ; les illuminations ont été magnifiques, le feu d'artifice admirable, le ballon a parfaitement réussi, et les femmes, oh ! les femmes, M. le jésuite !...

Le J. — Y pensez-vous ?... Une pareille conversation.... Oh !.... parlons d'autre chose. Avez-vous lu les discours de M. de Villèle ?

L'I. — Un superbe transparent représentait Sa Majesté brisant les chaînes de la presse....

Le J. — Dieu ! qu'il a de talent, ce M. de Villèle !...

L'I. — La joie la plus cordiale n'a cessé de régner, c'était une fête de famille....

Le J. — Quelle force ! quelle logique.... et quel courage !.... Adieu, M. l'imprimeur.

L'I. — Adieu, M. le jésuite.

Le Jésuite seul. — Ah parbleu ! l'occasion est bonne ; ne la laissons pas échapper : la *Gazette Universelle* vous en dira des nouvelles, messieurs ; et l'Univers entier va savoir que le samedi, 28 Avril 1827, une affreuse réunion d'impies, de jacobins et de révolutionnaires, a eu lieu dans l'infame jardin de Vincennes. *Amen.*

TITRES DE LA CENSURE BORDELAISE

A L'ESTIME DU MINISTÈRE.

Pourquoi lui en faire un crime, messieurs les détracteurs? Il a bien mérité de ses chefs. Pénétré de l'*euge serve bone* de l'Écriture, il remplit son mandat avec le plus héroïque courage. Que lui voulez-vous encore? Croyez-vous prouver son incapacité, sa partialité, sa nullité, sa vénalité, son indignité? Eh bien! voyons; car avec vous il faut toujours discuter.

Vous prétendez qu'il ne sait pas lire; vous avez donc oublié le *quicumque turpius fraude* qu'il insinuait au bas d'une de vos pages les plus séditieuses. En vérité, vous le jugez bien témérairement.

Parce qu'il fut un des chauds laudateurs de Napoléon, vous pensiez qu'il laisserait à vos dissertations historiques toute latitude et toute licence. Qui vous a dit que le captif de Sainte-Hélène fut *le premier conquérant du monde* (les ratures), qu'*il frappait la monnaie au coin de la gloire* (mosaïque), que *son regard embrassait les deux hémisphères* (les ricochets).

que *sir Hudson Lowe est un tigre* (mes Champs-Elysées), que *sir Walter-Scott est un plat chroniqueur* (mosaïque)? L'usurpateur est mort, laissez en paix sa cendre, c'est moi qui vous le dis. Que le mot *empereur* disparaisse même de vos articles, car on le biffera. Oh ! on le biffera. Ex. : .... Ces rôles joués avec un talent particulier par Frédéric ; *empereur actuel de la scène mélodramatique, etc.* (Bulletin dram. du 1.er Septembre).

Vous en voulez bien à cette pauvre gastronomie. C'est peut être parce que le censeur Berchoux l'a mise en poëme. Vous êtes néanmoins prévenus que le mot *culinaire* est essentiellement anti-monarchique ; que *la salle à manger est un asile inviolable* (la bonne aventure); et si jamais on vous attrape à reparler des *truffes ministérielles* (café Tortoni), des *coulis dignes des anges du douzième ciel* (lettre sur le cuisinier Jacques), et d'autres balivernes semblables, soyez persuadés qu'il vous en cuira.

On vous a *charitablement* avertis de laisser ce pauvre M. de Villèle tranquille dans son palais Rivoli. Eh bien ! vous le placez méchamment entre la girafe et les osages, et vous croyez votre plaisanterie à l'abri du grattoir. M. de Peyronnet est sans pitié mis par vous en regard de Lepeintre aîné ; M. de Corbière, fustigé par deux malins poëtes, trouve dans votre prose de nouveaux sujets de réveil, et vous voulez que le censeur dorme! Pour qui diable le prenez-vous?

Sans lui, sans son active vigilance, que de fois les mots *jésuites, casuistes,* MORALISTES, seraient venus empoisonner votre mosaïque! Et ce jour où votre impudeur fut jusqu'à dire que les saints étaient *les notabilités de l'almanach* (les bouquets de fête), cet autre où vous avançâtes que *feu Monseigneur de Sanzai détestait les fils d'Ignace* (les ratures), ne fûtes-vous pas inspirés par une rage impie digne du bûcher purificateur?

Allons, convenez franchement que *l'homme de lettres* qui émonde vos articles, en sépare avec adresse l'ivraie du bon grain, et qu'il y a chez lui urbanité, loyauté, aménité, bonté, bénignité, sincérité, cordialité, nous ne dirons rien de sa rotondité.

Dans un de ces momens de colère qui vous sont si fréquens depuis deux mois, vous avez tracé le dialogue suivant (les mots soulignés ont été biffés): Qu'écrire alors? — *Rien.* — Mais écrire est mon état. — Faites-vous *bûcheron.* — Je sais tenir une plume et non pas une *hache.* — *En ce cas, redoutez-nous, car la hache est notre fait* (les ratures). Vous conviendrez que mettre une hache entre les mains du bénin L., c'est un peu trop fort. Allons, allons, une arme plus innocente lui convient mieux, je vous l'ai dit maintes *fois*

Et vous prétendez à son indulgence; ah! bien, par exemple!... Je ne dis rien de vos sorties contre la police et les espions *titrés*, de vos pensées *généreuses* sur tel ou tel principe qu'il vous est défendu d'aborder, de votre irrévérente observation sur le mauvais état des chemins de la Teste; vous avez si souvent pris la liberté de vous mêler de tout, que ces peccadilles trouvent facilement grâce devant la loi et les prophètes; mais, pour Dieu! avant de parler, tournez désormais votre langue six fois dans la bouche.

Je suis, tel que vous me voyez, très-étroitement lié à votre censeur rubicond. Il m'honore de sa confiance, m'ouvre souvent son cœur et prend acte de mes avis. Il me disait l'autre jour : « Ma
» charge est belle, et l'on parviendra difficile-
» ment à me prouver le contraire. Ils disent que
» je n'ai pas d'esprit, d'accord; que je ne sens pas
» la valeur de leurs expressions, c'est possible; que
» la seule chose que je sache bien faire, c'est man-
» ger, et qu'un de ces jours je mourrai d'une in-
» digestion, soit, soit; je suis dans la bonne voie,
» et si leur prédiction m'atteint, je dirai avec
» Horace ou Virgile :

« *Dulce et decorum pro patriâ mori.* »

Voilà, messieurs, voilà l'homme dont vous accusez la férule. Si vous le taxez d'ignorance, de fanatisme, d'hypocrisie, croyez que dans les régions supérieures de l'État on l'apprécie à sa juste valeur. Mont-Rouge et LL. EE. le regardent avec plaisir instrumenter vos lignes incendiaires, les ignorantins l'encouragent du geste, les soutiens du temple féodal battent des mains, les caméléons littéraires rient dans leur barbe, et lui, gravement assis sur la chaise de Cyrus, attend le prix de son salaire.

Le cordon s'il vous plaît.

X.

CURIOSITÉ. — BOUQUINISME.

Or, voici, messieurs, une des choses les plus curieuses de l'époque. Où diable aussi allons-nous chercher pour trouver de tels renseignemens ? Et qui aurait pu supposer qu'en déterrant un petit volume in-18, intitulé : *Dîners de la Société littéraire*, nous aurions l'occasion de citer une chanson de notre cher Peyronnet, contre un de ces hommes privilégiés qu'il a placés aujourd'hui assez bas pour être à l'abri de nos sarcasmes ? JOSEPH PAIN est maintenant censeur, par conséquent il est l'homme de nos excellences. En 1802, M. Peyronnet publia une chanson pour laquelle notre censeur va lui garder rancune.

Brouiller de tels personnages, en leur rappelant leurs anciennes animosités, n'est pas fort coupable, et nous imprimons sans remords les quatre couplets suivans, que nous n'osons pas envoyer avec leur signature au bureau de M. Labroue.

Air de la Revanche forcée.

Pauvre orphelin, pauvre poete
Maltraitant de pauvres sujets,
En pauvre vers, ma pauvre tête
Composait de pauvres couplets;
Enfin tout a changé de face;
J'ai vu luire un jour plus serein;
Et le sort a daigné par grâce
Me mettre le *pain à la main* (1).

Plus ma misère fut profonde,
Plus je serai compatissant :
Je veux donner à tout le monde
Un morceau *de pain* en passant (2).
J'offre aux parvenus le *pain d'orge*,
Et je livre à discrétion
Aux femmes étalant leur TAILLE (3),
Le *pain de proposition*.

Gardant le *pain du sacrifice*
Pour les créanciers des faillis,
Pour les juges le *pain d'épice*
Et pour les gascons le *pain bis* ;

---

(1) Pauvre messire Peyronnet!. En 1801 il n'avait pas de quoi mettre sous la dent.

(2) Voilà la véritable charité chrétienne si bien amplifiée par notre illustre garde-des-sceaux.

(3) Voyez pourtant! à cette époque le mot *gorge*, donnait des nausées à M. Peyronnet. Les tems sont-ils changés ?

Donnant encor sans plus attendre
Aux vieux maris le *pain au lait*,
Aux vieilles femmes le *pain tendre*,
A leurs amans le *pain mollet*.
Je ne borne pas mes largesses :
J'ai du *pain sec* pour les rentiers (1),
J'ai du *pain chaud* pour vos maîtresses,
Du *pain dur* pour mes créanciers (2).
Mais quelle est ma folie extrême,
Et pourrai-je assez regretter
De n'avoir, messieurs, pour moi-même
Gardé que le *pain à chanter* (3)?

P<small>EYROUNET</small> (4).

D'UN MALAISE GÉNÉRAL. — Médecine.

La saison dernière a été mauvaise, et son influence détestable se fait ressentir encore aujourd'hui. Peu de personnes se sont trouvées bien de ces continuelles variations de l'atmosphère, qui

---

(1) Renvoyé à M. Villèle pour son ingénieux 3 p cent.

(2) Ce vers-là est d'une vérité trop incontestable pour que nous essayons d'en détruire l'effet sur bien des gens.

(3) Le *pain à chanter* n'avait pas encore manqué à M Peyronnet, lorsqu'en 1825, il composa ses stances sublimes sur l'indifférence. Quels *chants* suaves? Vous en souvenez-vous, messieurs

(4) Où sont les messire, les monseigneur, les excellence, les M le comte!! Ah! le talent n'avait pas besoin de tous ces hochets de la vanité. M P<small>EYROUNET</small> doit, malgré tout, regretter ces tems heureux où, simple chansonnier de la société littéraire, il ignorait jusqu'aux singeries de la gravité et aux redondantes exclamations d'une éloquence d'emprunt!

ont porté l'aiguille du baromètre alternativement de droite à gauche et de gauche à droite. Cette catastrophe, qui changea pour un moment la marche des élémens, a laissé partout un malaise qui, pour être vague et ne pas caractériser une maladie aigue, n'en est pas moins réel; malaise que la saison pourra faire dégénérer en mal chronique, si l'élite des médecins ne vient promptement en combattre les funestes causes.

Quelques mesures sanitaires ont été prises récemment; mais, dans certains départemens, les routines, les préjugés, et mille autres résistances tout aussi légitimes, ont détruit l'effet qu'on avait lieu d'en espérer. Sur douze conditions de salubrité prescrites à Paris, dix ont été scrupuleusement suivies. On avait lieu de croire que l'exemple de la capitale, de cette ville éclairée, où les vieilles idées font moins qu'ailleurs des prosélytes, aurait sur la province une influence salutaire; mais la prudence des hommes les plus sages a été mise en défaut par l'impertinente audace des charlatans, contre lesquels le peuple ne s'est pas suffisamment prémuni.

Toutefois, malgré les brigues des coteries et la jonglerie de ces hommes à qui on défendra sans doute, enfin, d'entreprendre rien sur la santé du peuple, l'état maladif en France n'est pas aussi alarmant que plusieurs esprits timorés paraissent le craindre. Le malaise dont chacun se plaint, est, comme tous les accidens qui affligent l'organisation, une crise dont la violence garantit le peu de durée!

De quelque manière que se présente la saison brûlante où nous nous trouvons, ce mal, que je ne définis pas, mais dont j'ai observé les symptômes qui consistent en une irritation de toute la partie droite du corps en un resserrement des organes nobles de la gauche, et surtout en une suffocation qui interdit la liberté de parler, d'agir, et presque de respirer; ce mal, dis-je, ne peut avoir long-tems des conséquences dangereuses.

Une commission, composée de plus de cent cinquante médecins habiles et tout dévoués aux intérêts de l'humanité, doit se réunir incessamment pour aviser aux moyens à employer. Quant à moi, si mon opinion peut être de quelque poids dans cette circonstance, je conseillerais, pour enlever aux charlatans leur crédit, d'user d'un régime contraire à celui que des médecins moins ignorans prescrivirent aux malades dans un cas semblable vers la fin de la saison analogue de 1822. J'interdirais formellement la saignée et les sangsues que je regarde comme des reptiles dangereux. Je crois que les calmans, et même les toniques à la fin de la maladie, peuvent être d'une grande efficacité. Une tisanne royale pourrait hâter la convalescence;

et en soutenant le courage des malades, nul doute qu'on n'évitât une crise qui tôt ou tard peut s'offrir sous le plus fâcheux aspect.

Ce malaise dont on gémit en France, les nations étrangères le ressentent aussi. La *Gazette de santé* qu'on imprime à Pétersbourg, l'attribue à l'incertitude de la température; celle de Londres, à l'agitation en sens contraire des élémens constitutifs; celle de Madrid, à la tenacité d'un vent cruel qui règne depuis trop long-tems; celle d'Athènes, à la rigueur du régime sanitaire imposé aux malheureux habitans de cette contrée, jadis la plus favorisée des dieux.

Aux malheurs attachés à cette chaleur générale, il faut ajouter quelques inconvéniens qui en dérivent. Le plus désagréable est celui qui résulte d'une quantité prodigieuse de mouches, produits d'une température trop élevée. Ces mouches, dont beaucoup ont les ailes dorées et le dard invisible, font des blessures profondes et long-tems envenimées. Elles caressent, flattent, font entendre un bourdonnement agréable, mais elles piquent et laissent dans la plaie l'arme occulte dont elles se sont servies. C'est ordinairement dans l'ombre qu'elles blessent; le grand jour leur serait trop dangereux, on pourrait les écraser.

X. BLAKSTON, D. M. I.

LA FRANCE AU DIX-NEUVIÈME SIÈCLE,

ODE.

AU GÉNÉRAL SÉBASTIANI.

> Ah! périsse la mémoire
> De nos lamentables jours!
> Grand Dieu! quelle ombre assez noire
> En peut absorber le cours?
>
> LEBRUN, *Ode au Soleil, sur les malheurs de la Terre*, etc.

Après vingt ans de deuil, la généreuse Astrée
Croyait renaître aux jours de Saturne et de Rhée.
Douce divinité, quelle était ton erreur!
Ton cœur dans l'avenir fondait son espérance,
   Et déjà sur la France
L'horrible Némésis exerçait sa fureur!

Tel qu'on voit un lion, assouvi de carnage,
S'endormir, sur la foi de son noble courage;
Tels, l'Europe avait vu les enfans de Francus (1),
Sur un tas menaçant de lances et d'épées
   Du sang germain trempées,
Se reposer enfin, lassés, mais non vaincus.

L'Éridan, le Niéper, le Rhin, la Sprée et l'Èbre
Se rappelaient encor plus d'un combat célèbre;
Le Kremlin de sa cendre à peine était sorti :
Quand le vautour cruel dont la sanglante serre
   Faisait gémir la terre,
La livra déchirée à l'esprit de parti.

---

(1) Plusieurs de nos anciens historiens, dont nous ne citerons pas le nom, font descendre les Français de Francus, fils d'Hector et neveu de Pâris (*Voyez nos vieilles annales*).

Ce parti qu'a-t-il fait ? A quel droit, à quel titre,
Des peuples et des rois s'est-il rendu l'arbitre ?
L'Ibère, consolé de ses nombreux revers,
Du despotisme altier avait rompu la chaîne ;
   Et voilà que sa haine
Abuse de nos bras pour lui rendre ses fers !

La Liberté sacrée, aux murs de Parthénope,
A des destins brillans intéressait l'Europe ;
Il y vole..... Aussitôt la déesse s'enfuit !....
Vers la terre d'Hellé son aile s'est tournée ;
   Mais sa rage effrénée
Sur ces bords glorieux l'insulte et la poursuit !

Sourd au cri du malheur, aussi lâche qu'avide,
Chrétien, à l'Ottoman il vend son bras perfide !
L'or remplace la gloire à ses yeux avilis !....
L'or a payé la honte !.... et Marseille outragée,
   Sur les ondes d'Égée,
A vu fuir ses vaisseaux, déshérités des lis (1) !

Que dis je ? Quand Byron mourait pour les Hellènes ;
Lorsque Fabvier proscrit moissonnait, dans Athènes,
Des vainqueurs de Xerxès les antiques lauriers !
Parlez !.... N'a-t-on pas vu, contre un peuple sublime,
   Les recruteurs du crime,
Au sein de nos cités, enrôler des guerriers (2) ?

N'a-t-on pas vu leur rage, armant la tyrannie,
Menacer l'avenir de la Lusitanie ?
Insulter à Thémis pour élever l'autel ?

---

(1) On n'a pas oublié, et la postérité n'oubliera pas, que c'est dans ce port qu'ont été construits les vaisseaux vendus par le gouvernement français au pacha d'Égypte, pendant le ministère de M. de Villèle.

(2) On se rappellera encore l'appui accordé par ce même ministère à la mission honorable dont était chargé le sieur Layron.

Compromettre la France et ses titres de gloire
          Que jadis la victoire
Consacra de sa main sur le bronze immortel (1)?

Telle était au dehors cette France épuisée,
Autrefois triomphante, aujourd'hui méprisée!....
Tendre mère! tes fils ont déchiré ton sein!
Tu pleures....., et leur cœur se rit de tes alarmes!....
          Ils repoussent tes larmes!....
Hommes dénaturés! quel est votre dessein?

On le sait : frémissez!.... l'univers vous contemple!
Des triumvirs romains renouvelez l'exemple;
Surpassez, s'il se peut, leurs funestes excès!....
A des journaux vendus payez la calomnie;
          Outragez le génie!
A la raison humaine intentez des procès (2)!

Proscrivez la vertu, favorisez le vice;
A la vérité sainte opposez l'artifice;
Immolez au *pouvoir* et le peuple et ses droits;
Rendez aux fils d'Ignace, avec leurs priviléges,
          Ces poignards sacriléges
Encor tout dégoûtans du meurtre de nos rois (3)!!!

Des siècles féodaux ramenez les ténèbres;
Changez nos chants de gloire en des hymnes funèbres;
Pour soudoyer le crime épuisez nos trésors;
Aux banquets d'Apponi trafiquez en esclaves
          Des titres de nos braves (4)!....
La patrie est aux fers, ô Brutus ! et tu dors !

---

(1) Nous renverrons le lecteur au discours de M. Canning, concernant les affaires du Portugal.

(2) La liberté d'une part; l'arbitraire de l'autre. La cause est encore pendante; la France attend avec anxiété.

(3) Il serait inutile d'amplifier cette note : les faits parlent.

(4) Ce serait à ceux qui ont assisté aux fêtes données par l'amba sa-.

Il dort ?.... qui te l'a dit ? O France désolée !
L'ombre de Foy s'éveille ! et, de son mausolée,
S'élèvent dans les airs ces sublimes accents :
« Aux armes, fils de Mars ! le Germain nous menace !
» Réprimez son audace !
» Que votre bras supplée à mes cris impuissans !

» Si j'ai versé jadis mon sang pour la patrie ;
» Si ma voix repoussa l'éloquence flétrie
» Des ministres pervers d'un pouvoir oppresseur :
» O Sébastiani ! vois ma douleur profonde !
» Tout mon espoir se fonde
» Sur les amis du peuple et sur mon successeur ! »

A ces mots, les tyrans se troublent et rougissent ;
Comme un lion blessé, leurs athlètes rugissent ;
Sébastiani tonne, et son front radieux
Oppose un calme auguste à leur affreux délire,
Tandis que, sur sa lyre,
Hugo venge la gloire, et chante pour les dieux (1) !

Mortels chers au génie ! orateurs et poètes,
Des cris de l'opprimé soyez les interprètes !
Jusqu'au trône des rois portez la vérité :
Dites-leur que la France, après vingt ans d'alarmes,
En déposant les armes,
Prétendit sur ses bords fixer la liberté !

Dites-leur que, pour elle, une Charte acceptée
Doit être inviolable, et surtout respectée ;
Que nul impunément n'osera l'outrager !....

---

deur d'Autriche, à nous expliquer la conduite étrange de cette puissance orgueilleuse envers une puissance assez jalouse de ses droits pour savoir encore les faire respecter, n'en déplaise à messieurs les ministres

(1) Honneur à la muse courageuse qui vient de venger les outrages récents faits à la colonne de la place Vendôme !

Ces pairs, ces députés que la patrie honore,
Et nos braves encore
Prompts à la secourir, sont là pour la venger !

Vous avez entendu ; c'est à vous de répondre,
A vous, dont un seul mot suffit pour vous confondre !
Qu'était jadis la France, et qu'est-elle aujourd'hui ?
Du faîte des grandeurs la voilà descendue ;
Un parti l'a perdue :
On accuse le peuple..... Est-ce vous ? est-ce lui ?

Mais qu'a-t-il de commun avec des mercenaires
Qui de ses oppresseurs mendiaient les salaires ?
Qui trahit sa patrie aspire à l'asservir :
Qui vit indépendant est prêt à la défendre,
Et meurt, sans en attendre
D'autre prix que l'honneur d'avoir su la servir !

Héros, qui lui tendez une main protectrice,
Et vous, qui l'entraînez aux bords du précipice,
De la postérité respectez les arrêts !
Par elle Cicéron vit sa gloire affermie,
Pendant que l'infamie
S'attache au nom flétri des modernes Verrès !

Jude Patissié.

MOSAÏQUE.

C'est M. Labroue qui est notre censeur.

— Il y a des gens qui feraient bien de ne pas prendre un *air*.

— Les peuples ne sauraient se vendre ; le pouvoir n'est pas assez riche pour les acheter.

— Aprenez d'abord à épeler.

— Sachez vous conduire avant de conseiller ; il est des

conseillers à qui on devrait mettre des menottes et des lisières.

— C'est bien le coup de pied de l'âne.

— L'indignation est le premier sentiment qu'on éprouve après une injustice ou une lâcheté.

— C'est une haine périodique ; nous lui trouverons des entraves.

— Passe pour un correcteur habile ; mais.....

— Quelqu'un ayant demandé à un plaisant, ce que c'était que la censure, celui-ci écrivit : Je ne sais pas au juste ce qu'elle est maintenant, mais dans peu voici ce qu'on en dira : L. A. E. T. L. A. O. B. I. L. A. C. D. L. E. D. C. D.

— On a proposé la honte et la fortune à M. Rio ; il a refusé l'une et l'autre.

— M. Caix a suivi le même exemple.

— MM. Fouquet, de Broë, d'Herbouville et Cuvier n'ont pas accepté la place qui leur a été offerte dans le conseil de surveillance de la censure. Les lettres et les sciences sont d'accord.

— Les éteignoirs sont chers en diable depuis le rétablissement de dame censure.

— Le censeur condamne ce que le magistrat acquitte.

— C'est avec les arts et les libertés constitutionnelles qu'on peut faire oublier la gloire.

— *Loi d'amour provisoire*, broch. in-8.°, par messire Peyronnet. Les notes en regard du texte sont de maître Corbière.

— Le ministère a cherché la France dans la police et dans la médiocrité, autant demander la vie au néant.

— La liberté de la presse est aujourd'hui toute la constitution.

— On mettra bientôt dans l'almanach : Saint-Amer.

— La manie du calambourg date de bien loin, puisque certains personnages font dire à J.-C. : « Tu es *pierre*, et sur » cette *pierre* je bâtirai mon église. »

— Napoléon disait un jour au gouvernement de Séville : Si dans trois jours la ville ne se rend pas, je la fais raser. — Vous ne le feriez, répondit le général espagnol. — Pourquoi cela ? — Parce que vous ne voudriez pas ajouter aux titres d'empereur des Français, protecteur de la confédération du Rhin et médiateur de la Suisse, celui de *Barbier de Séville*.

— La noblesse est un instrument brillanté par le tems.

— On dit, le noble jeu de billard, parce que jadis les roturiers en étaient exclus.

— Malbrouc est donc ressuscité. Jésuites, vîte, des messes.

— Un député de Pondichéry est arrivé à Paris pour supplier, dit-on, le gouvernement de donner à la colonie un nouveau chef en remplacement de M. Desbassyns dont l'excessive rigueur désespère tous les citoyens. A qui s'adressera le député? M. Desbassyns est parent de M. de Villèle. Le pauvre colon en sera pour ses frais de voyage.

— Ce que c'est que l'amour-propre humilié ! Il a été reçu à Paris comme un simple romancier, et voilà qu'il insulte à celui qui ébranla tant de trônes !!

— S'il était Anglais, passe ; mais un Ecossais !.... A-t-il jamais abaissé l'orgueil de son pays ?

— La liberté de la presse remplace tout chez un peuple, excepté l'honneur.

— La censure est un abattoir où l'on assomme à huis clos l'opinion.

— Le ministérialisme est une fièvre jaune dont meurent tour à tour les gazettes qui en sont attaquées.

— L'arme de la légitimité est la liberté de la presse.

— Oh! qu'ils seraient petits, si on ne voulait pas mentir en disant qu'ils sont grands!

— Quel est le plus beau *des trois?* demandait-on à un faiseur de calambourgs, en parlant de MM. C., P. et V. — Le plus beau *des trois*, répondit-il, est le *détroit* des Dardanelles.

— Canning est mort!! L'abbé de Lamennais se porte à merveille. O Azaïs!

— A l'époque la plus désastreuse de notre révolution, non-seulement on jouait sur les mots, mais encore sur les lettres; ainsi on disait :

Le trône est................	A B C.
Le clergé...................	D C D.
Le parlement................	K C.
Le royaume..................	D P C.
Le bien.....................	O T.
Le mal......................	R S T.
Nous autres.................	E B T.

— une brillante réunion a eu lieu l'autre jour à la grande Chaumière du Mont-Parnasse, à Paris. Parmi les personnes les plus recommandables, on a remarqué trois bourreaux, neuf mouchards subalternes, huit filles du Palais-Royal et quatre censeurs. Quelques jésuites étaient perdus dans la foule; ils passaient presque inaperçus, ayant quitté leurs armes et leurs soutanes. On les a reconnus cependant au grincement de leurs dents, quand l'orchestre a joué l'air : *Vive Henri IV*; mais ils ont bientôt repris leur sérénité première dès les premiers accords de cet autre air : *Où peut-on être mieux*, etc., etc.

— C'est M. Miel qui rédigera le voyage à Saint-Amer. Ce sera doux.

— On dit que nos ministres sont à la veille de frapper un un grand *coup* ; la girafe tremble.

— Le règne des cancers recommencerait-il ?

— On ne peut trouver des amis à la censure et au ministère que dans la fange de la littérature et des arts (Jal).

— La table des censeurs est l'échafaud dressé pour la littérature, la raison et l'esprit (Jal).

— M. Bonald a dit que l'absurde était ce qu'il y avait de mieux pour sauver la monarchie. Eh ! si nous avions dit cela, nous !

— Si l'on dit que le climat de France sera funeste à la girafe, la monarchie est perdue.

— Le manifeste turc, dit que le sultan a toujours été l'ami des Grecs. Cette amitié ne ressemble pas mal à l'amour du grenadier.

— La vérité est agréable à tous les hommes, aux ministres, aux vieilles femmes, aux imbécilles, aux parvenus, et aux rois particulièrement.... Est-ce vrai ?

— La liberté de la presse étouffe l'intelligence ; car, moins on imprime, moins on lit ; et moins on lit, plus on a le tems de penser.... Est-ce vrai ?

— Sans jésuites point de religion, sans gendarmes point de plaisirs, sans réquisitoires point de littérature.... Est-ce vrai ?

— En France, ce qui marche avant tout, c'est la conscience.... Est-ce encore vrai ?

— Un prédicateur disait dernièrement qu'une mère faisait au moins autant de péchés que d'enfans.

— Un voleur trouve que chaque branche d'arbre ressemble à une potence.

— M. de Villèle n'accompagne jamais le Roi à la chasse, ni dans la forêt de Fontainebleau, ni dans celle de St.-Cloud.

— M. Jal vient de publier une brochure qui fait un égal honneur à son caractère et à sa plume. L'infortuné, spirituel et courageux *Courrier* écrivait et pensait ainsi.

— Les ciseaux de la censure s'appelleront désormais les *monstres* de la censure.

— Nous fermera-t-on aussi les yeux et les oreilles?

— On ne dit plus maintenant que la littérature nage entre deux eaux, mais bien entre *six eaux*.

— Les bourreaux et les mouchards marchent aujourd'hui la tête haute; il y a à Paris quelques personnes qui les ont placés plus haut dans la société.

— Le jeune fils d'un avocat d'Ang....... ayant entendu souvent sa famille se plaindre de ce que le préfet avait éliminé son père de la liste des électeurs, a traduit ainsi ce passage de l'Évangile : *Multi sunt vocati, pauci verò electi:* Il y a beaucoup d'avocats, mais peu d'électeurs.

— Savez-vous pourquoi ils veulent nous rendre muets?... Parce qu'ils ne sont pas sourds.

— Excellences! Gare le dégel!

— Pourquoi ces menaces et ces entraves? Ils ignorent donc qu'il est souvent dangereux de faire penser au danger.

— Plus les journaux seront blancs, plus nos idées seront noires.

— Il y a des gens qui se sont faits voleurs par générosité. Quelle noble résolution que celle d'un homme qui consentirait à accepter la place de censeur pour être utile aux écrivains!.... S'en trouvera-t-il? Nous ne le pensons pas.

— Il vaut cent fois mieux être muet de naissance, que de se voir la parole arrêtée par un bâillon.

— Les rois seront bientôt comme les papes, ils ne verront la vérité qu'en lisant l'Évangile.

— Un curé, trop franc peut-être pour ses paroissiens,

fut un jour sollicité par ceux-ci afin d'obtenir du ciel une pluie bienfaisante. — Il n'est rien que je ne fasse pour vous être utile, leur répondit-il; mais je vous préviens que tant qu'il ventera du nord, il ne pleuvra pas.

— Un autre curé qui avait dit au prône que la raison était une bride servant à morigéner nos passions, s'étant grisé un soir, quelqu'un lui demanda ce qu'il avait fait de sa bride. — Je l'ai ôtée pour boire, lui répondit le curé.

— Si l'on me demandait quels sont les hommes les plus courageux, je répondrais : Ce sont les mouchards, parce qu'ils bravent ce qui fait trembler les plus intrépides : le mépris public.

— On porte, dit-on, à Paris le deuil de la mort de Canning. Trois Gascons, une centaine de censeurs, et le corps entier des mouchards porteront celui de certains grands personnages que Canning a fait grisonner.

— Qu'est-ce qu'un bureau de censure? — Les catacombes de l'inquisition.

— Dieu! les beaux yeux, m'écriai-je, l'autre jour, en voyant Mme R......... — Oui, me dit mon voisin, elle a toujours les yeux comme elle les a quelquefois.

— Otez à quelques femmes leur toilette, elles seront laides; empêchez-les d'en parler, elles seront sottes.

— Nous avons eu, un jour, cinq lignes trois quarts, un demi-mot, une lettre et une virgule supprimés dans un article.

— De qui parle-t-il Scott? d'un cosaque ou de Napoléon?

  Malgré ta sinistre figure,
   Je te nargue, infâme censure!
  De tes sales lauriers tu peux t'entrelacer
  Tu ne pourras jamais m'empêcher de penser.

www.ingramcontent.com/pod-product-compliance
Lightning Source LLC
LaVergne TN
LVHW020959090426
835512LV00009B/1962